Catherine LE HELLAYE    Dominique BARZOTTI

## Cahier d'activités

Conception graphique : Anne Marie BODSON
Dessins : Sophie DRESSLER

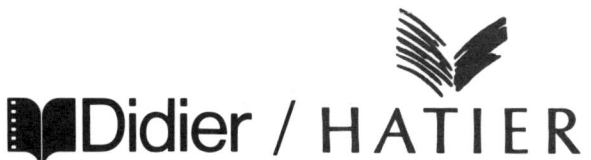

 = colle

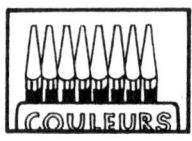 = colorie

 = découpe

 = dessine

 = écoute

 = écris

© Les Éditions Didier, Paris 1992   ISBN 2-278 04197-5   Imprimé en France

# Unité 1

## Activité n° 1

 1. Découpe les morceaux du puzzle dans le mini-fichier p. 1.

 2. Colle-les ici pour reconstituer le dessin.

Qu'est-ce que c'est ?

# Unité 1

**Activité n° 2**  Qui parle français ? Écoute bien. Fais une croix dans le carré quand tu as trouvé.

**Activité n° 3** Qui parle français ? Regarde bien. Fais une croix dans le carré quand tu as trouvé.

# Unité 1

**Activité n° 4**  Relie les points de A à Z.

Qu'est-ce que c'est ?

# Unité 2

**Activité n° 1** Colle les étiquettes du mini-fichier p. 1.

Cécile . Alain . Pauline . Anne . Renaud . Romain .

**Activité n° 2**

Dessine-toi.

Dessine ton copain.
ou dessine ta copine.

Écris ton prénom : _ _ _ _ _ _ _ _ _ _ _

# Unité 2

**Activité n° 3** Dessine huit cerises dans le panier.

**Activité n° 4** Colorie dix cerises dans l'arbre.

**Activité n° 5** Dessine quatre cerises dans la main de Romain.

**Activité n° 6** Colorie cinq perles du collier de Cécile.

# Unité 2

**Activité n° 7**  Observe, écoute, dessine et écris.

 Moi, j'ai _ _ _ _ ans.    J'ai _ _ _ _ _ ans.

**Activité n° 8** Quel âge as-tu ? Dessine les bougies.

**Activité n° 9** Écris ton âge :

 J'ai _ _ _ _ _ ans.

# Unité 3

Activité n° 1  Colorie le dessin en suivant les indications.

Activité n° 2  Écoute bien et écris dans les ronds le numéro des phrases qui correspondent aux dessins.

# Unité 3

**Activité n° 3** Attention, les étiquettes sont mélangées. Écoute bien. Lis les phrases. Fais une flèche → pour montrer ce qu'ils disent comme dans l'exemple

**Activité n° 4**

Regarde le dessin.
Écris les mots
qui correspondent aux numéros.

# Unité 3

**Activité n° 5** Complète les phrases avec les étiquettes et applique les consignes (mini-fichier p. 1).

un château.

une pomme.

un ballon noir et blanc.

le ballon noir et blanc dans le rond mini-fichier p. 1.

un collier.

**Activité n° 6**

1- Colorie les ronds avec les couleurs de ta toupie.

2- Découpe et colle en face de chaque rond l'étiquette qui convient (mini-fichier p. 1).

# Unité 4

**Activité n° 1**  Écoute bien et colorie la partie du corps dont tu entends le nom.

**Activité n° 2**  Écoute bien. Lis et fais correspondre les dessins avec les phrases. ( ⟶ ).

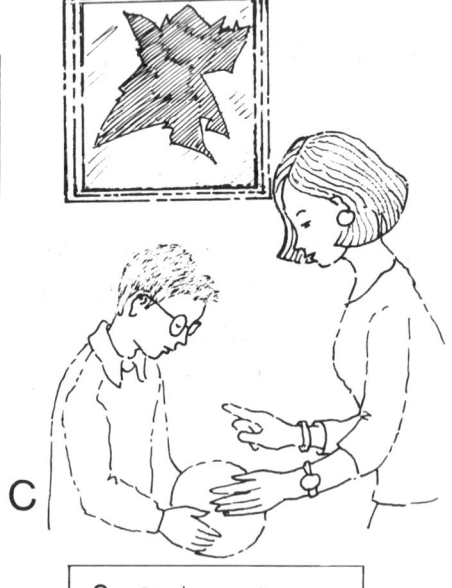

A  B  C

| 1 | La toupie est cassée. |
| 2 | Il tombe. |
| 3 | « Pardon, maîtresse. » |

# Unité 4

**Activité n° 3**  Écoute bien. Qui dit quoi ? Fais une flèche pour montrer ce que disent les enfants, comme dans l'exemple.

**Activité n° 4**

Regarde bien le dessin.
Écris les mots
qui correspondent
aux numéros.

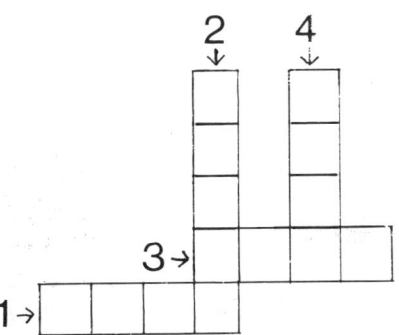

13

# Unité 4

**Activité n° 5**  Écoute bien. Dessine pour le petit garçon le bonhomme qu'il veut.

**Activité n° 6** Lis les phrases. Découpe les étiquettes dans le mini-fichier p. 2. Colle-les pour compléter les phrases.

Qu'est-ce qui est cassé ?

La ☐ est cassée et le ☐ aussi.

L' ☐ est cassée.

Le ☐ est cassé.

Le ☐ est cassé.

# Unité 5

**Activité n° 1** 🎧 Écoute bien. Lis les phrases. Barre ce qui est faux.

1. Le Petit Chaperon Rouge est une fille.
2. Le Petit Chaperon Rouge porte une toupie à sa grand-mère.
3. Le loup est dans les bois.
4. Le loup a de grandes dents.
5. Le loup ne mange pas le Petit Chaperon Rouge.
6. Le loup mange la grand-mère.
7. Le loup mange le gâteau.

**Activité n° 2** Lis les phrases et colorie les étiquettes qui conviennent.

Le Petit Chaperon Rouge porte un | gâteau / château | à sa grand-mère.

Elle met le gâteau dans un | feutre / panier |.

Le loup attrape le | chasseur / le Petit Chaperon Rouge |.

Il n'y a plus de | loups / garçons | dans les bois.

**Activité n° 3** Lis les étiquettes et dessine.

| La grand-mère | Le gâteau | Le Petit Chaperon Rouge |
| --- | --- | --- |
|  |  |  |

15

# Unité 5

**Activité n° 4** Découpe les étiquettes du mini-fichier p. 3 .
observe-les bien, classe-les.

Exemple :

elle

Elle écoute

16

# Unité 5

**Activité n° 5** Lis et complète le tableau comme dans l'exemple.
Découpe les étiquettes du mini-fichier p. 4.

il ? elles ? elle ? ils ?

| Colorier | il colorie | | | |
| Jouer | | | | |

# Unité 6

**Activité n° 1**  🎧  Écoute bien. Colorie ce que Pauline prend au goûter.

**Activité n° 2**  🎧  Écoute bien !
Dessine dans l'assiette de Romain ce qu'il veut.

18

# Unité 6

**Activité n° 3** 🎧 Écoute bien. Lis les phrases et fais-les correspondre aux dessins avec des flèches (→).

- Tu veux des biscuits ou du gâteau ?
- Je voudrais des biscuits, s'il te plaît.

- Tu veux le bleu ou le rose ?
- Je préfère le violet.

- Qu'est-ce que tu veux, du jus d'orange ou du lait ?
- Je voudrais du jus d'orange.

- Qu'est-ce que tu préfères, un yaourt ou un fruit ?
- Un yaourt, s'il te plaît.

**Activité n° 4** Lis les phrases. Colorie en rose ce que veut le bébé et en jaune ce que veut Thui.

*Le bébé veut du lait et un yaourt. Il veut aussi un biscuit. Thui, elle, veut du jus d'orange, une poire et une tartine.*

19

# Unité 6

**Activité n° 5** Regarde les dessins et entoure la phrase qui convient.

Anne tend la main.

Anne a faim.

Anne n'a pas faim.

Renaud a faim.

Renaud veut du pain.

Renaud n'a pas faim.

**Activité n° 6** Colorie ce que veut Alain et complète les phrases avec les étiquettes (mini-fichier p. 4).

Renaud : Et toi, qu'est-ce que tu veux ?

Alain : Je voudrais ☐ avec ☐

et ☐ . Je veux aussi ☐

# Unité 7

**Activité n° 1**  1. Que porte Romain ? Que porte Cécile ? Fais correspondre, avec des traits, les étiquettes aux dessins.

2. Puis colorie en bleu les étiquettes des vêtements de garçon, en rose les étiquettes des vêtements de fille et en rouge les étiquettes des vêtements de fille ou de garçon.

- un pull
- une chemise
- des chaussettes
- un gilet
- une jupe
- un pantalon
- des chaussures
- une robe
- des bottes

**Activité n° 2**  🎧  Écoute bien puis colorie les vêtements que met Cécile.

# Unité 7

**Activité n° 3**  Écoute bien ! Lis les phrases et entoure ce que tu entends.

1. Aujourd'hui, il pleut.
2. Cécile met son pantalon rouge.
3. Cécile met sa jupe rose et son pull vert.
4. Elle met aussi son blouson et ses bottes.
5. Anne s'amuse sous la pluie.
6. Elle va jouer dans la cour avec Romain.

**Activité n° 4** Habille Renaud. Écoute bien, puis découpe dans le mini-fichier p. 4 les vêtements de Renaud. Colle-les et colorie-les.

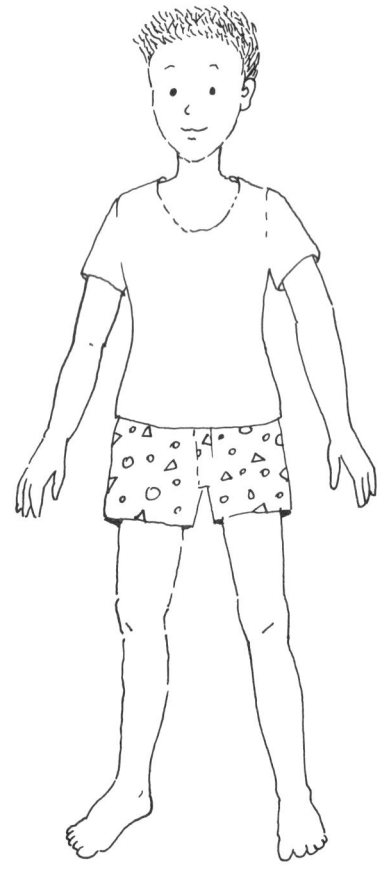

22

# Unité 7

**Activité n° 5** Comment est habillé Renaud ? Complète la phrase avec les étiquettes qui se trouvent dans le mini-fichier p. 4.

Renaud porte ▢ , ▢

et ▢ .

**Activité n° 6** Lis le texte. Complète-le avec les étiquettes (mini-fichier p. 4). Colorie ensuite ce que veut Cécile.

Maman : Qu'est-ce que tu veux, un pantalon ou une jupe ?

Cécile : Je préfère ▢ .

Maman : Et tu veux un pull ou un gilet ?

Cécile : Je voudrais ▢ , s'il te plaît, maman.

23

# Unité 8

**Activité n° 1**  🎧  Écoute bien. Qui dit quoi ? Dessine les flèches comme dans l'exemple.

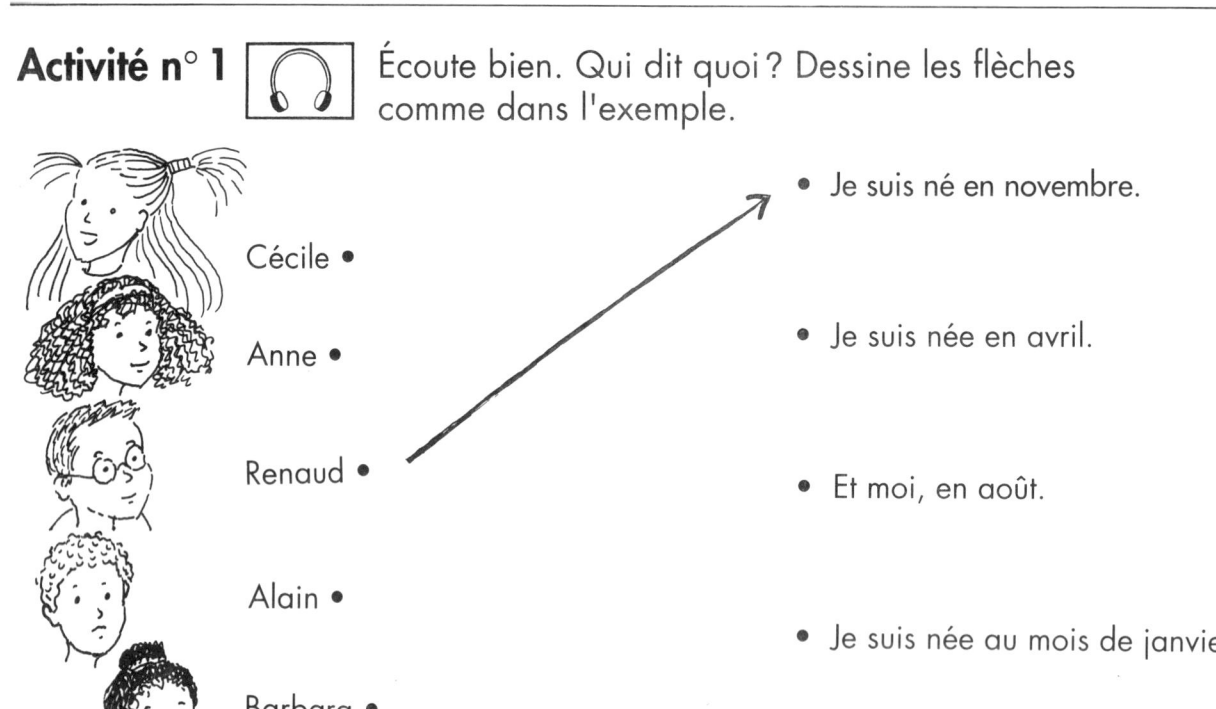

**Activité n° 2**  🎧  Écoute bien. Écris dans le rond le numéro de la phrase qui correspond au dessin.

# Unité 8

**Activité n° 3** Découpe les étiquettes dans le mini-fichier p. 5. Colle-les en face des dessins qui conviennent.

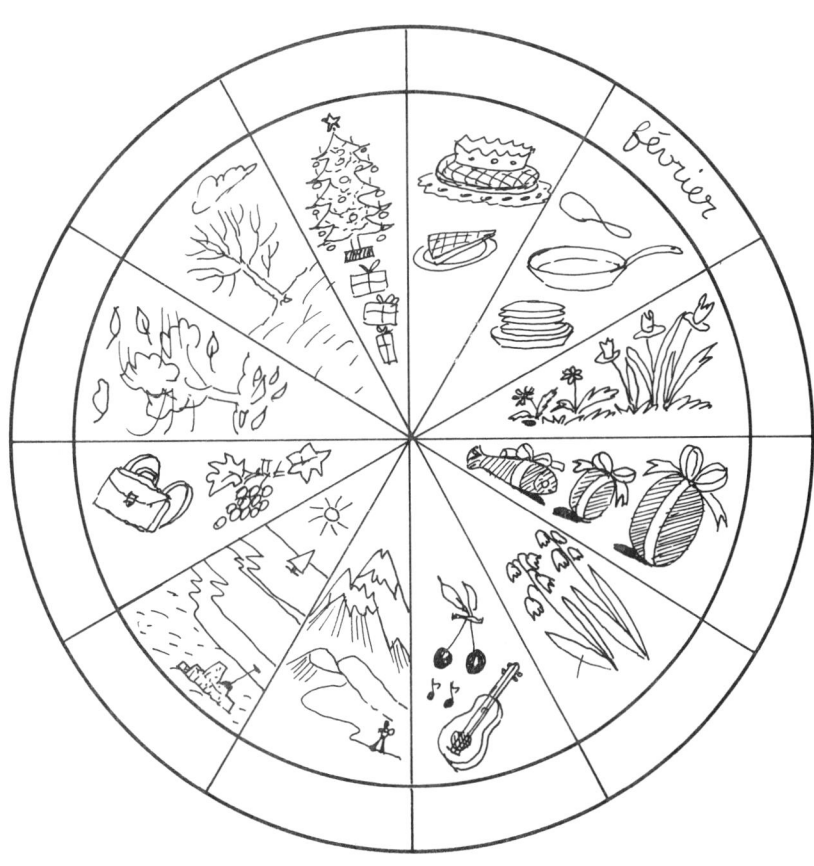

**Activité n° 4** Découpe les étiquettes dans le mini-fichier p. 5. Complète le texte.

C'est ☐ de Barbara.
Aujourd'hui, elle a ☐ ans.
Tous ses ☐ sont là.
"Souffle les ☐, Barbara! Bon anniversaire!"

# Unité 8

**Activité n° 5**  Écoute bien et lis les phrases.
Puis fabrique un cadeau-surprise !

1. Découpe les parties de ton calendrier, dans le mini-fichier p. 5 et 6.

2. Mets le point B sur le point A.

3. Mets le point C sur le point B.

4. Mets le point D sur le point C.

5. Fais un trou sur le point.

6. Enfile une attache parisienne. Fixe-la.

7. Voilà ton calendrier en français ! Chaque jour tu peux changer la date.

**Activité n° 6** Le 26 mars, c'est l'anniversaire d'Alain. Il écrit à ses amis. Colorie sa lettre.

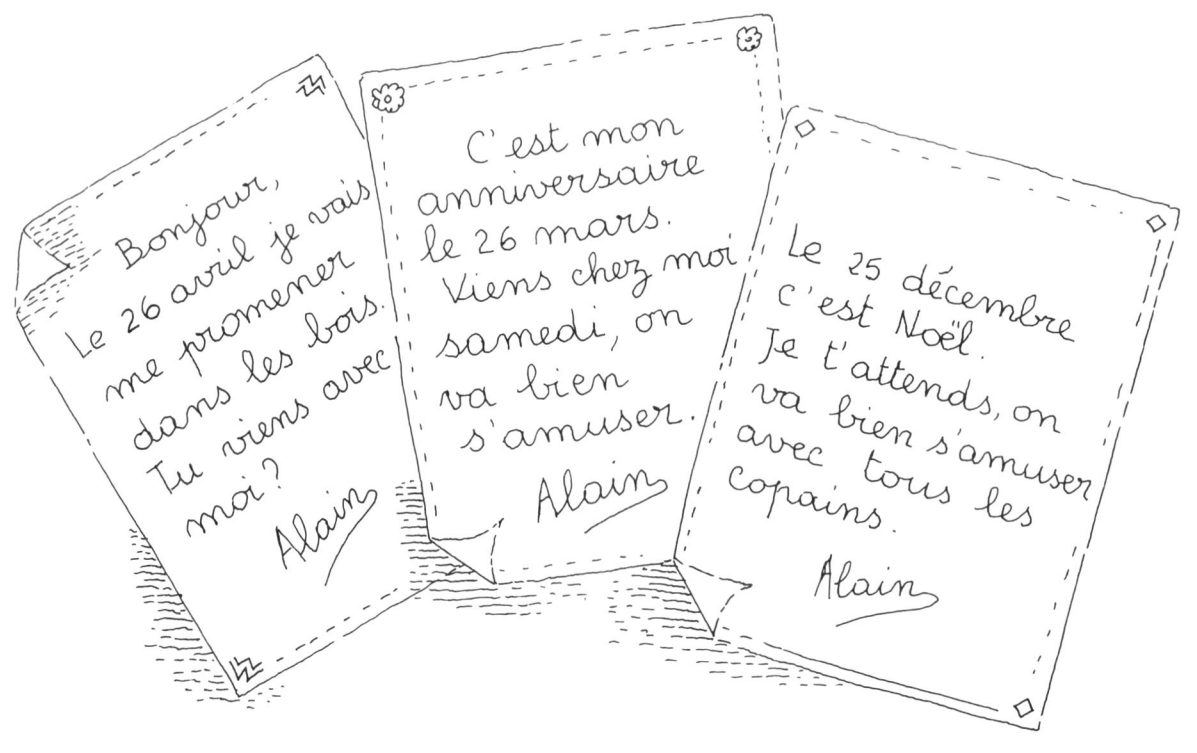

# Unité 9

**Activité n° 1**  Écoute bien ! Quand la phrase correspond au dessin, colorie-le.

**Activité n° 2**  Écoute et écris le numéro de la phrase qui correspond au dessin.

**Activité n° 3**  1. Écoute bien ! 2. Colorie ce que tu entends.
3. Entoure les phrases qui correspondent.

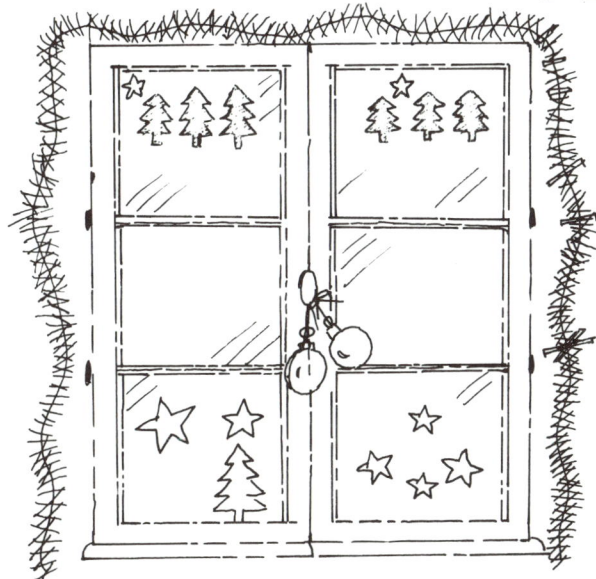

Les étoiles sont en haut.

On met les sapins en haut.

On colle aussi une petite étoile en haut.

On colle aussi un petit sapin en bas.

Après, on va mettre des étoiles en bas.

# Unité 9

**Activité n° 4** Regarde les dessins et entoure la phrase qui convient.

Alain tend la main.

Il a faim.

Il décore le sapin.

Renaud regarde sous une chaise.

Renaud monte sur une chaise.

Renaud tend une chaise.

**Activité n° 5**   Fabrique une étoile.

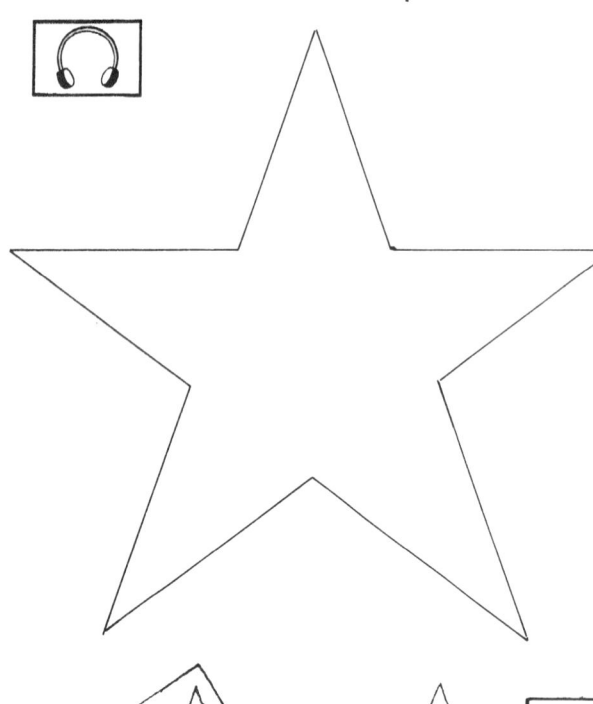

1. Décalque deux fois l'étoile.
2. Découpe les deux étoiles.
3. Peins ou colorie chaque étoile d'un seul côté.
4. Découpe des petites bandes de papier.
5. Retourne une étoile.
6. Colle les bandes sur cette étoile.
7. Colle la deuxième étoile dessus.

C'est fini ! Tu peux décorer ta classe, ta chambre ou ta maison, maintenant !

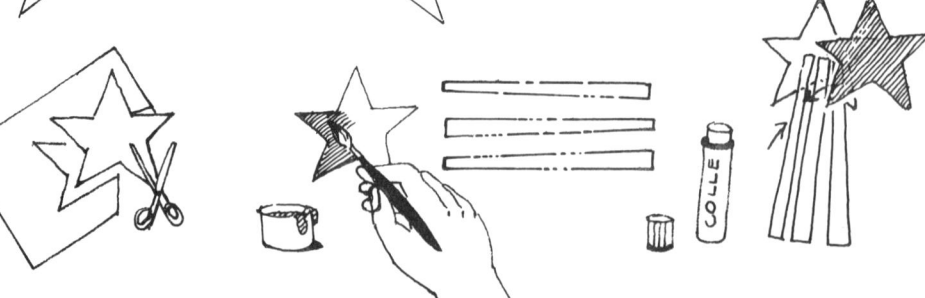

# Unité 9

## Activité n° 6

1. Lis le texte.

| liste des courses |
|---|
| une guirlande rouge |
| une guirlande rose |
| des bougies |
| une étoile |
| des boules : une rose, |
| une rouge, une jaune. |
| trois oranges |

2. Dessine ensuite dans le panier ce que prend la maman de Romain.

## Activité n° 7

1. Lis puis complète les phrases avec les étiquettes du mini-fichier p. 6.

Romain : — Maman, qu'est-ce qu'on va prendre ?
Sa mère : — On va prendre une ▱▱▱▱▱ ▭
rose et une guirlande rouge. On peut prendre aussi
des 🕯🕯 ▭ et des ⬤⬤ ▭
Romain : — On prend un 🎄 ▭ ?
Sa mère : — Non, pas maintenant.
Romain : — On prend des 🍊🍊 ▭ , dis ?
Sa mère : — Non chéri, ça va.

2. Qu'est-ce qu'elle oublie ? (Regarde la liste des courses.)

Elle oublie les ▭ et une ▭

29

# Unité 10

**Activité n° 1** Lis et fais ce qu'on te dit.

| Dessine une grenouille. | | Colorie-la en vert. | Où est-elle?<br>Découpe l'étiquette p. 7. et colle-la ici. |
|---|---|---|---|
| Dessine une bougie. | | Colorie-la en vert. | Où est-elle?<br>Découpe l'étiquette p. 7. et colle-la ici. |
| Dessine des grenouilles. | | Colorie-les en jaune. | Où sont-elles?<br>Découpe l'étiquette p. 7. et colle-la ici. |
| Dessine des bougies. | | Colorie-les en jaune. | Où sont-elles?<br>Découpe l'étiquette p. 7. et colle-la ici. |
| Dessine un loup. | | Colorie-le en marron. | Où est-il?<br>Découpe l'étiquette p. 7. et colle-la ici. |
| Dessine un saladier. | | Colorie-le en marron. | Où est-il?<br>Découpe l'étiquette p. 7. et colle-la ici. |
| Dessine des loups. | | Colorie-les en bleu. | Où sont-ils?<br>Découpe l'étiquette p. 7. et colle-la ici. |
| Dessine des saladiers. | | Colorie-les en bleu. | Où sont-ils?<br>Découpe l'étiquette p. 7. et colle-la ici. |
| Dessine une cuillère et un saladier. | | Colorie-les en rouge. | Où sont-ils?<br>Découpe l'étiquette p. 7. et colle-la ici. |
| Dessine un loup et une grenouille. | | Colorie-les en rouge. | Où sont-ils?<br>Découpe l'étiquette p. 7. et colle-la ici. |

# Unité 10

**Activité n° 2**  Relie les mots aux dessins qui conviennent.

un traîneau

une hotte

une cheminée

un renne

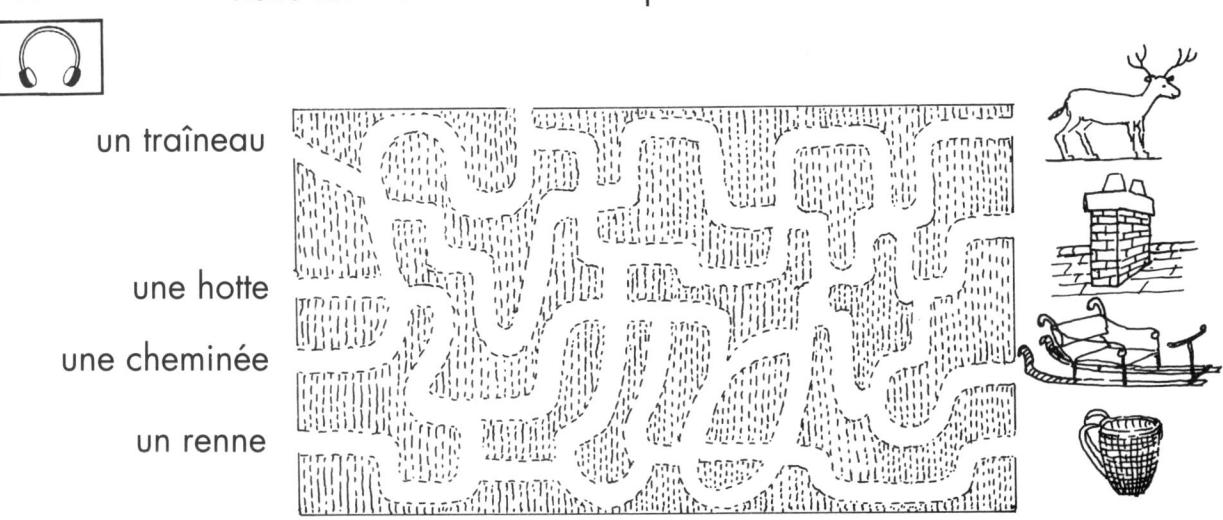

**Activité n° 3**  Écoute la chanson «L'histoire du Père Noël». Écris, dans les carrés, les numéros des couplets qui correspondent aux dessins.
Exemple : 1 C

# Unité 10

**Activité n° 4** 1. Relie avec des flèches de couleurs différentes les étiquettes qui vont ensemble. 2. Ensuite, fais les dessins.

| Voilà des cerises. | Voilà un chat. | Voilà un œuf et une cuillère. | Voilà une pomme. |
|---|---|---|---|
| Il est sur le lit. Dessine-le. | Elles sont dans le saladier. Dessine-les. | Elle est sur la table. Dessine-la. | Ils sont dans le saladier. Dessine-les. |
|  |  |  |  |

**Activité n° 5** 1 Lis. 2 Écris pour compléter les phrases. 3 Fais ce qu'on te dit.

|  | des chats | des œufs | une feuille, un feutre, une cuillère |
|---|---|---|---|
| sur la chaise. | Ils sont sur la chaise. Dessine-les. | .... sont sur la chaise. Dessine .... . | .... sont sur la chaise. Dessine .... . |
|  | un chat | des chaussures | une ceinture |
| sous la chaise. | .... est sous la chaise. Colorie .... . | .... sous la chaise. Colorie .... . | .... sous la chaise. Colorie .... . |

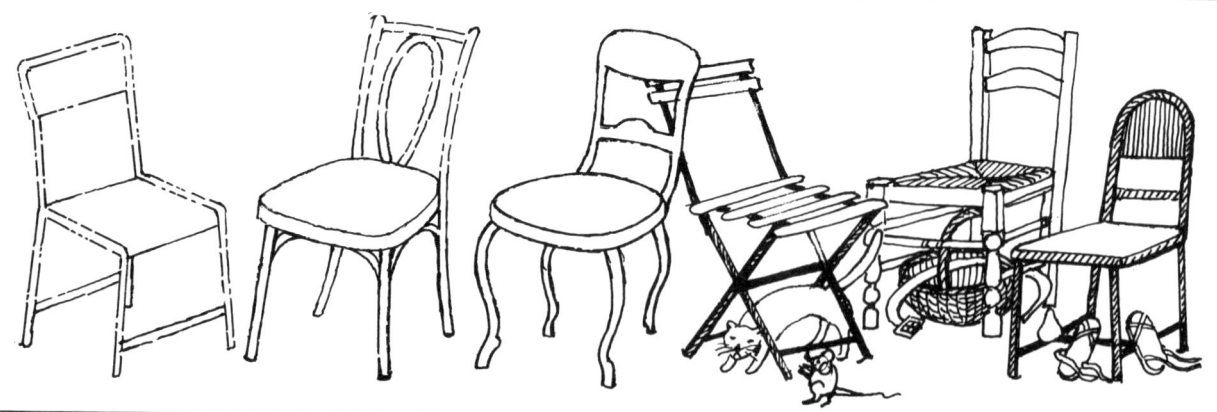

# Unité 11

**Activité n° 1** 🎧 Écoute bien et écris dans les ronds les numéros des phrases qui correspondent aux dessins.

**Activité n° 2** 🎧 Écoute bien. Colorie le dessin qui correspond à la phrase que tu entends.

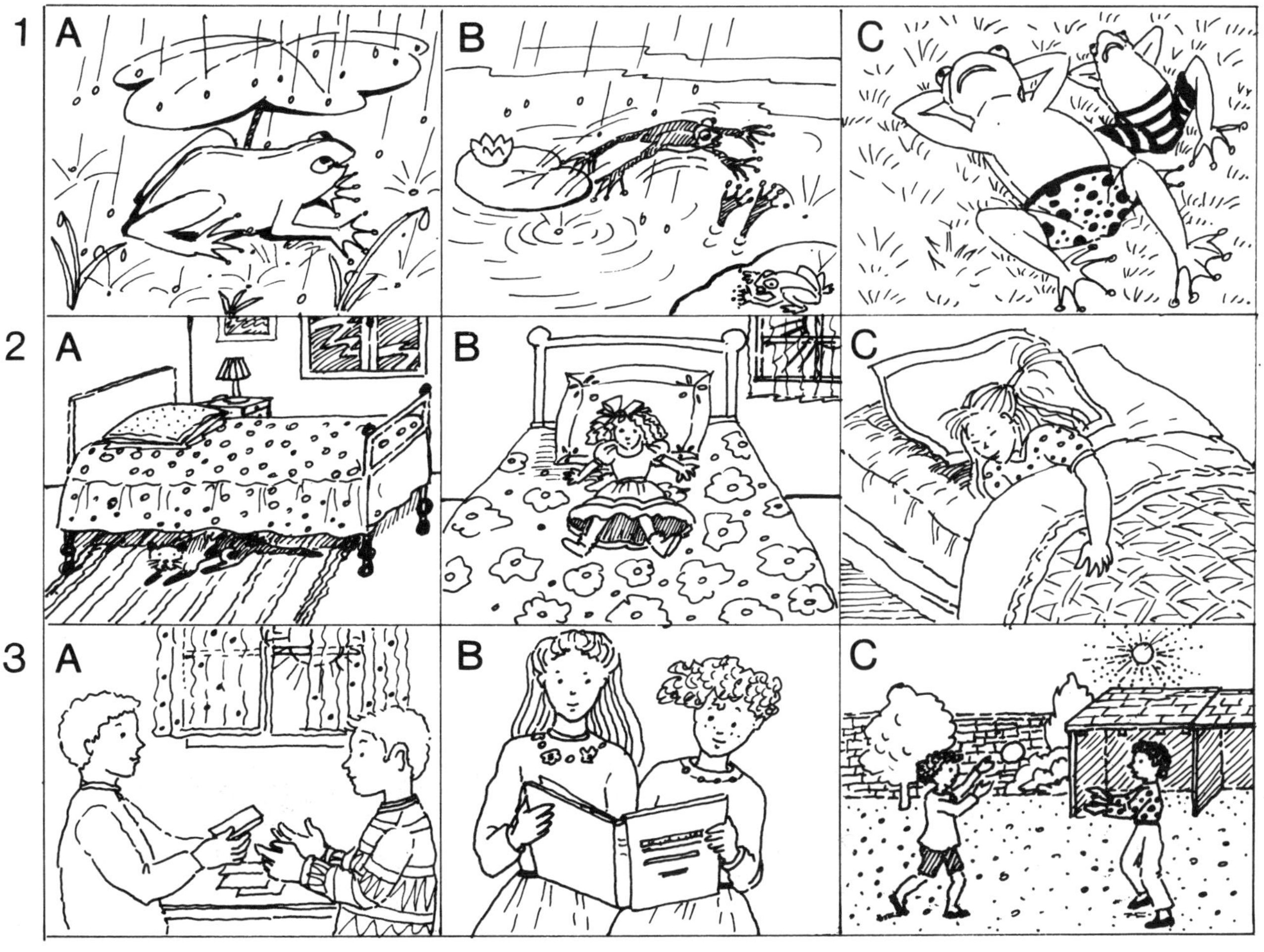

33

# Unité 11

**Activité n° 3** Lis les phrases et relie-les aux dessins qui conviennent.

1. Va jouer dans la cour, il fait beau.

2. Romain aime bien jouer sous la pluie.

3. Cécile et Anne font un bonhomme de neige.

4. Il y a du vent. Thui met son bonnet.

**Activité n° 4** Romain est à Grenoble, il écrit à Renaud.
Aide-le. Découpe les phrases dans le mini-fichier p. 7.

# Unité 11

**Activité n° 5** 🎧 Écoute bien, puis colorie les chapeaux comme dans la comptine.

**Activité n° 6** Complète la comptine avec les étiquettes découpées dans le mini-fichier p. 7.

Je mets mon chapeau ☐ pour sortir le soir.

Je mets mon chapeau ☐ quand il y a du vent.

Je mets mon chapeau ☐ pour sortir quand il pleut.
Et si je n'ai pas de ☐ c'est qu'il fait bien trop chaud.

# Unité 12

**Activité n° 1**   1. Écoute bien.
2. Colorie selon les indications.

**Activité n° 2** Lis les phrases et dessine ce que trouvent Cécile et Romain.

# Unité 12

**Activité n° 3**

1. Lis et écoute le texte « Trouve la marionnette qui parle français » (livre de l'élève p. 38).
2. Regarde les dessins. Lis les phrases. Écoute la cassette.
3. Maintenant, relie les phrases aux dessins correspondants.

Est-ce que c'est cette marionnette qui parle français ?

1. Non, ce n'est pas cette marionnette parce qu'elle n'a pas les cheveux longs.

2. Non, ce n'est pas cette marionnette parce que ce n'est pas une petite fille.

3. Non, ce n'est pas cette marionnette parce qu'elle n'a pas de cheveux.

4. Non, ce n'est pas cette marionnette parce qu'elle n'est pas blonde.

5. Non, ce n'est pas cette marionnette parce qu'elle n'a pas de robe blanche.

# Unité 12

**Activité n° 4**  Écoute bien. Écris dans les ronds le numéro de la phrase qui correspond au dessin.

A  ○  B  ○

C  ○  D  ○

**Activité n° 5**  Observe bien les dessins. Lis les étiquettes. Complète les dessins avec les étiquettes qui conviennent (mini-fichier p. 8).

Fabrique tes marionnettes.
Pour faire tes marionnettes il faut :

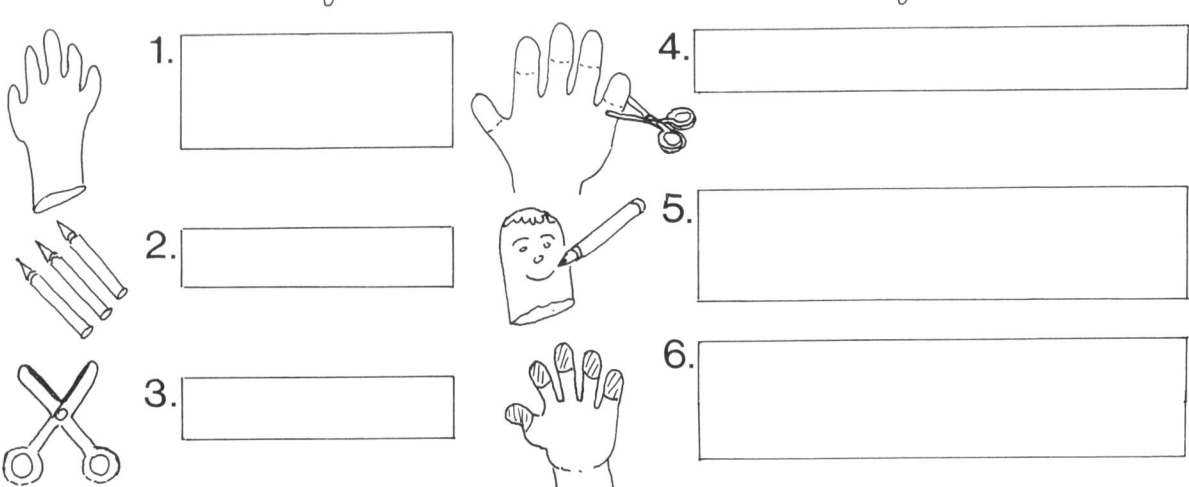

1. 
2. 
3. 
4. 
5. 
6. 

Voilà tes marionnettes. Fais-les parler maintenant.
Attention ! Ce sont des marionnettes qui parlent français.

# Unité 13

**Activité n° 1** 🎧 Écoute bien, lis les phrases et fais un trait jusqu'au dessin qui convient.

1. Moi, je suis déguisée en clown. J'ai un chapeau de toutes les couleurs et un gros nez rouge.

2. Je suis le Père Noël. J'ai un chapeau rouge et blanc et une grande barbe.

3. Je suis déguisée en fée. J'ai un grand chapeau avec des étoiles.

**Activité n° 2** Écoute bien. Qui est-ce ? Lis les phrases, regarde les dessins. 🎧 Découpe les étiquettes dans le mini-fichier p. 8 et colle-les pour répondre.

1. Il ne joue pas au ballon, il préfère jouer avec ses voitures. C'est ☐.

2. Elle aime bien lire. C'est ☐.

3. Il n'aime pas les yaourts. C'est ☐.

4. Elle n'aime pas lire. Elle préfère jouer à la poupée. C'est ☐.

5. Elle adore les crêpes. C'est ☐.

6. Il adore jouer au ballon. C'est ☐.

Anne — Pierre — Alain — Mourad — Pauline — Cécile

# Unité 13

**Activité n° 3** Complète le tableau avec les étiquettes qui sont dans le mini-fichier p. 8

| | |
|---|---|
| Je n'aime pas | |
| J'aime | |
| J'aime beaucoup | |
| Ce que je préfère | |

# Unité 13

**Activité n° 4** À qui est-ce ? Regarde le dessin et complète les phrases avec les étiquettes (mini-fichier p. 8).

Pierre

Cécile

Thui

Alain

Le masque de ☐ est un masque noir.

Le pantalon de clown est à ☐.

Le chapeau de ☐ est un chapeau de fée.

Le chapeau du Père Noël est le chapeau d' ☐.

**Activité n° 5** 🎧 Écoute bien. Écris dans le rond le numéro de la phrase qui correspond au dessin.

A   B   C   D

41

# Unité 14

**Activité n° 1**  Lis et écoute.

Dessine sur une feuille l'un des animaux : le cochon ou l'oiseau.
Jette les dés ou prends deux cartes.

Tu peux colorier :

| les oreilles | ou | le bec | quand tu as ⚂ ⚂ ou 3 3 |
| la tête | ou | la tête | quand tu as ⚃ ⚃ ou 4 4 |
| la queue | ou | l'aile | quand tu as ⚄ ⚄ ou 5 5 |
| les pattes | ou | les pattes | quand tu as ⚅ ⚅ ou 6 6 |

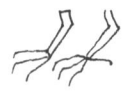

Quand tu as autre chose, tu passes ton tour, tu ne colories rien. Quand tu as colorié les oreilles, la tête, la queue et les pattes ou le bec, la tête, l'aile et les pattes, tu as gagné !

Maintenant, à toi de jouer ! (Nombre de joueurs : de 2 à 4.)

**Activité n° 2**

Écoute bien.

Colorie l'image qui correspond à la phrase.

42

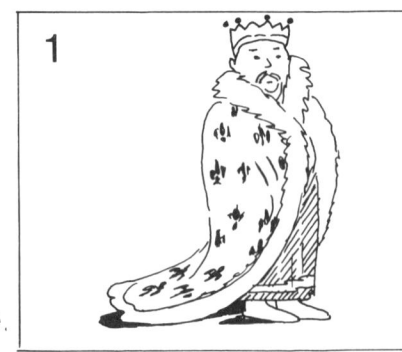

# Unité 14

**Activité n° 3** Découpe et colle dans le dessin les étiquettes du mini-fichier p.8 et 9. Fais bien attention !

Le ciel : les animaux qui volent.

La terre : les animaux qui marchent.

La mer : les animaux qui nagent.

**Activité n° 4** Lis, écoute et entoure la réponse correcte.

1. Est-ce que tous les oiseaux volent ?  oui  non

2. Est-ce que tous les animaux qui vivent dans la mer sont des poissons ?  oui  non

3. Est-ce que tous les animaux qui vivent sur terre marchent ?  oui  non

4. Est-ce que l'hirondelle est un oiseau ?  oui  non

5. Est-ce que la poule vole ?  oui  non

# Unité 14

**Activité n° 5** 🎧 Écoute bien. Écris, dans les carrés, les numéros des phrases qui correspondent aux dessins.

| A | B ATTENTION CHIEN MÉCHANT ! | C |
|---|---|---|
| D | E | F |

**Activité n° 6** Lis et colle les étiquettes qui correspondent au texte. (mini-fichier p. 9). Ex. : la cigogne.

J'aime bien les oiseaux ☐ mais j'aime aussi les poissons ☐.

J'aime bien les loups ☐ mais je préfère les chiens ☐.

J'aime bien les lions ☐ mais je préfère les chats ☐.

44

# Unité 15

**Activité n° 1**  1. Découpe les dessins (mini-fichier p. 9).
Écoute bien le dialogue et classe les dessins dans le même ordre.

|  |  |
|---|---|
|  |  |
|  |  |
|  |  |
|  |  |
|  |  |

2. Découpe les étiquettes du mini-fichier p. 9. Écoute le dialogue.
Colle les étiquettes en face des dessins correspondants.

# Unité 15

**Activité n° 2**   Écoute. Lis, puis colorie.

Voilà un arbre vert.    Voilà une pomme verte.    Voilà des arbres verts.    Voilà des pommes vertes.

Le ciel est bleu.    La mer est bleue.   Ses yeux sont bleus.    Les chaussures sont bleues.

Le nuage est gris.    La souris est grise.    Les nuages sont gris. 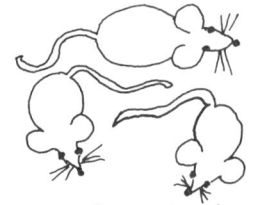   Les souris sont grises.

Voilà un oiseau jaune.    Voilà une fleur jaune.    Voilà des oiseaux jaunes.    Voilà des fleurs jaunes.

Ce garçon est roux.   Ces garçons sont roux.

Cette fille est rousse.   Ces filles sont rousses.

# Unité 15

**Activité n° 3**  1. Écoute bien. Écris dans le carré le numéro de la phrase qui correspond au dessin. 2. Écoute encore et colorie.

| A | B | C | D |

**Activité n° 4**  Lis les phrases. Découpe les étiquettes (mini-fichier p. 10). Cherche dans ton aide-mémoire et colle les étiquettes.

1. J'ai un chien. Il est ☐, ☐ et ☐.

2. J'ai une toupie. Elle est ☐, ☐ et ☐.

3. J'ai des poissons. Ils sont ☐.

4. J'ai deux chats. Ils sont ☐, ☐ et ☐.

5. J'ai deux robes. Elles sont ☐.

47

# Unité 16

**Activité n° 1**  Écoute bien ! Écris dans le rond le numéro des phrases qui correspond au dessin.

A

B

C

D

E

**Activité n° 2**  Découpe les étiquettes dans le mini-fichier p. 14. Écoute bien. Lis les phrases et réponds aux questions.

## Devinette

Alain est plus grand que Pierre.
Pierre est plus petit que Renaud.
Renaud est plus grand qu'Alain.

1  Qui est le plus grand ? C'est......... .

2  Qui est le plus petit ? C'est............ .

# Unité 16

**Activité n° 3**  🎧  Écoute bien, lis les phrases et fais les dessins.

Le chat d'Alain est plus gros que le chat de Cécile. Il est noir et blanc. Le chat de Cécile est noir.

1. Dessine le chat d'Alain.

2. Dessine Cécile et son chat.

**Activité n° 4**  🎧  1. Écoute bien et complète le dessin.

2. Lis les questions et entoure la réponse correcte.

Qui a le plus grand chapeau ?        le clown / la fée.

Qui danse avec le roi ?              la reine / la fée.

Où est le chapeau du Père Noël ?     sur sa tête / par terre.

Qui a la robe la plus longue ?       la fée / la reine.

# Unité 16

**Activité n° 5** Quel est l'intrus ?
Cherche-le, souligne le mot et fais le dessin qui correspond.

Exemple :

de la terre      des graines      <u>un gâteau</u>      une fleur.

1. un défilé      un nuage      le carnaval      un masque

2. un livre      un chien      un chat      un poisson

3. un ballon      une poupée      un robot      un chapeau

Exemple :    1    2    3

# Unité 17

**Activité n° 1** 🎧 Écoute bien et écris dans les carrés les numéros des phrases qui correspondent aux dessins.

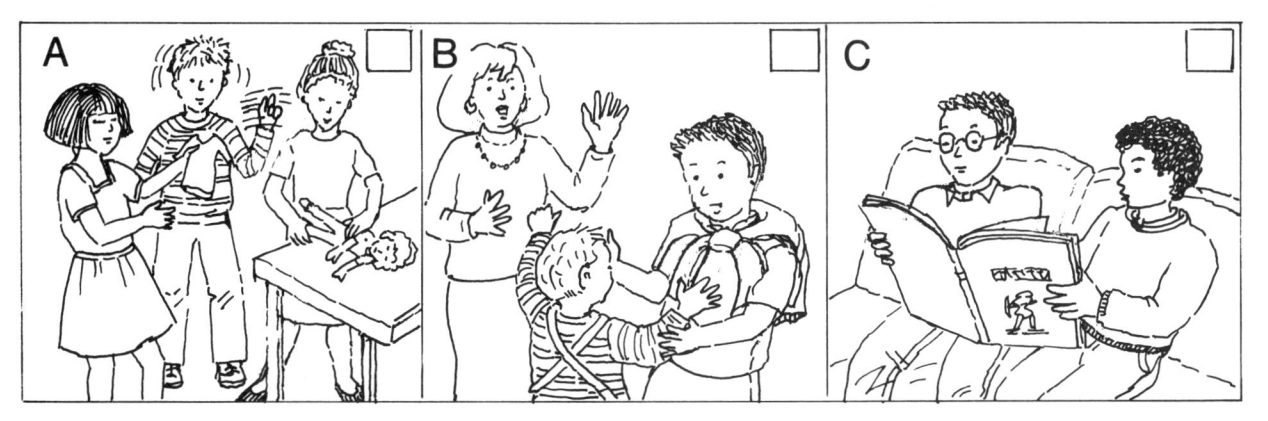

**Activité n° 2** 🎧 Écoute bien et colorie les dessins qui correspondent aux phrases que tu entends.

# Unité 17

**Activité n° 3** Qu'est-ce qu'ils disent ? Lis les phrases puis fais un trait entre les enfants qui disent la même chose.

**1** On peut le lire ensemble ?

**2** Je ne me dispute jamais avec mes copains.

**3** Je ne veux pas te prêter ma voiture.

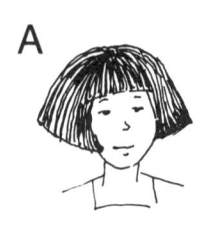

**A** Je ne me mets pas en colère quand je joue avec mes copains.

**B** Je peux le lire avec toi ?

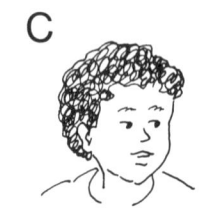

**C** Ne joue pas avec ma voiture, je ne veux pas.

**Activité n° 4** Écoute bien, lis les phrases et regarde le dessin. Puis entoure les phrases qui correspondent au dessin.

1. Romain est en colère.

2. Barbara et Pauline jouent à la poupée.

3. Romain lit un livre.

4. Mourad se dispute avec Romain.

5. Romain se dispute avec Pauline.

6. Barbara joue avec Pierre.

7. Pierre n'est pas en colère.

# Unité 17

**Activité n° 5** De quoi parlent-ils ? Lis les phrases et complète avec les étiquettes qui conviennent (mini-fichier p. 14).

1. Papa dit à Romain : "Ah non, je ne veux pas te prêter ⬚, tu es trop petit."

2. Romain dit à Renaud : "Prête-moi ⬚, je veux le lire, moi aussi."

3. Barbara dit à Pauline : "Tu veux bien me prêter ⬚ ? Je voudrais finir mon dessin."

4. Cécile dit à Thuï : "Je ne peux pas te prêter ⬚ parce que tu es plus petite que moi."

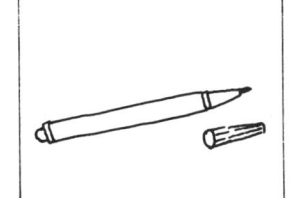

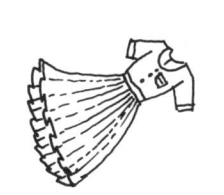

**Activité n° 6** Que font-ils ? Découpe les étiquettes dans le mini-fichier p. 14 et fais deux phrases pour répondre à la question.

1. ⬚ 2. ⬚

53

# Unité 18

**Activité n° 1** 🎧  1. Observe bien les dessins. 2. Écoute le texte.
3. Lis les étiquettes (mini-fichier p. 14).
4. Colle-les au-dessus de l'image correspondante.

**Activité n° 2** 🎧 Écoute bien puis écris dans le carré le numéro de la phrase qui correspond à l'image.

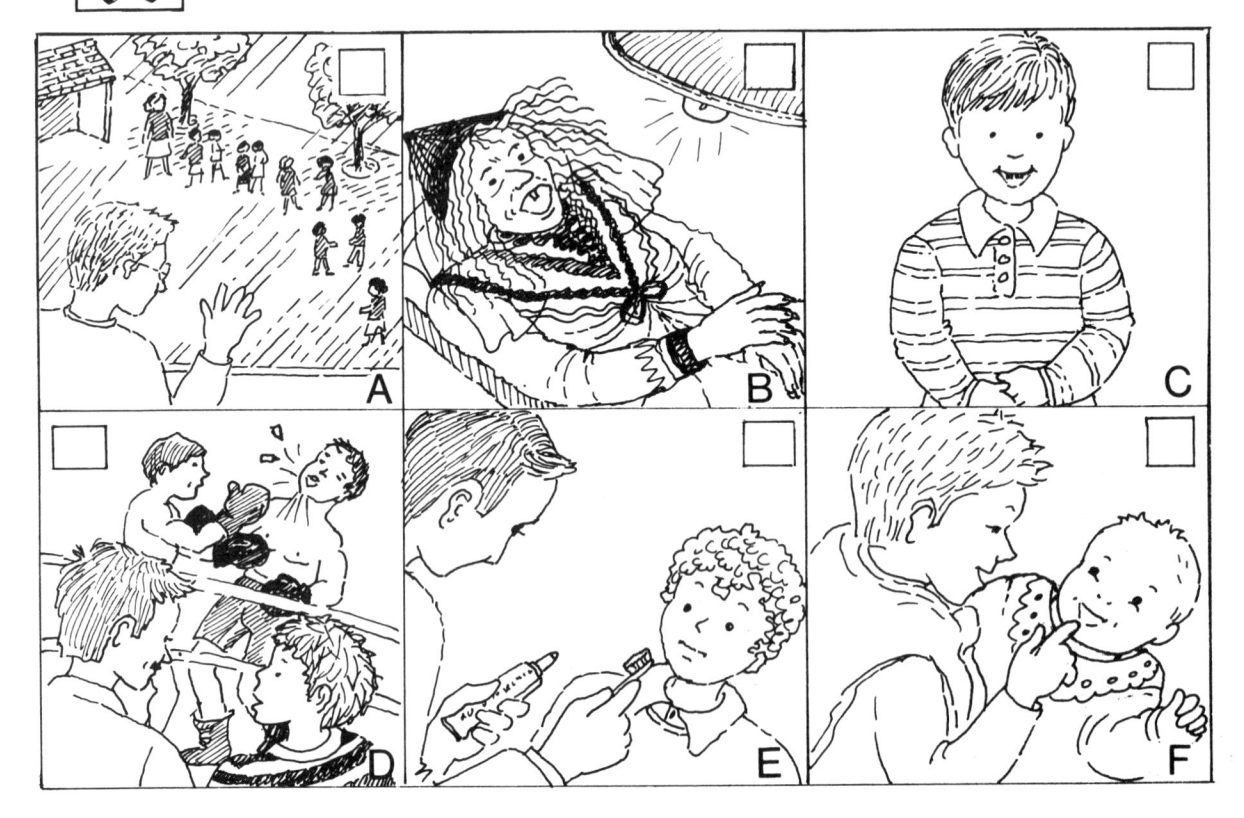

54

# Unité 18

**Activité n° 3** Relie chaque image au mot qui convient. Utilise 4 couleurs.

la dent

le dentiste

la brosse à dents

le dentifrice

**Activité n° 4** Que dit Cécile ?

1. Observe bien les dessins. 2 Lis les étiquettes (mini-fichier p. 14).
3. Colle-les au-dessus des dessins qui conviennent.

55

# Unité 18

**Activité n° 5** Lis les phrases.
Colorie le dessin quand le texte correspond à l'image.

Ils sont chez le dentiste.

Nous nous brossons les dents derrière et devant.

J'ai mal aux dents.

**Activité n° 6**  1. Regarde les images et lis le texte. 2. Écoute bien.
3. Réponds aux questions (fais une croix ☒).

Il faut brosser de bas en haut et de haut en bas.

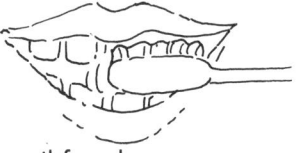

Il faut brosser devant.

Il faut brosser derrière.

Il faut brosser de droite à gauche et de gauche à droite.

### Est-ce que tu te laves bien les dents ?

- Est-ce que tu as une brosse à dents ?
  ❏ oui  ❏ non.

- Est-ce que tu mets du dentifrice sur ta brosse à dents ?
  ❏ oui  ❏ non.

- Est-ce que tu te brosses les dents de haut en bas et de bas en haut ?
  ❏ oui  ❏ non.

- Est-ce que tu te brosses les dents de gauche à droite et de droite à gauche ?
  ❏ oui  ❏ non.

- Est-ce que tu te brosses les dents devant et derrière ?
  ❏ oui  ❏ non.

# Unité 19

**Activité n° 1** Lance les dés. Quand tu as ⚀⚀ ou ⚁⚁ ou ⚂⚂, etc., tu entoures un mot dans la grille. Le premier joueur qui a entouré 10 mots a gagné. Exemples : (la), (sa).

| m | a | r | i | o | n | n | e | t | t | e | s | i |
|---|---|---|---|---|---|---|---|---|---|---|---|---|
| a | n | o | c | b | e | a | u | e | r | b | o | n |
| m | n | n | i | j | o | l | i | t | o | i | l | e |
| a | e | d | u | e | e | s | t | e | p | e | e | s |
| n | e | e | e | t | f | r | a | n | c | a | i | s |
| e | g | o | u | t | e | r | i | d | e | e | l | a |
| f | l | e | u | r | f | e | t | e | m | o | i | h |

**Activité n° 2** 🎧 Écoute bien et écris dans le carré le numéro du dialogue qui correspond au dessin.

A — Fête des fleurs ☐
B — FÊTE DE L'ÉCOLE — Grand Spectacle = CENDRILLON ☐
C ☐
D ☐
E — les quilles ☐
F ☐

57

# Unité 19

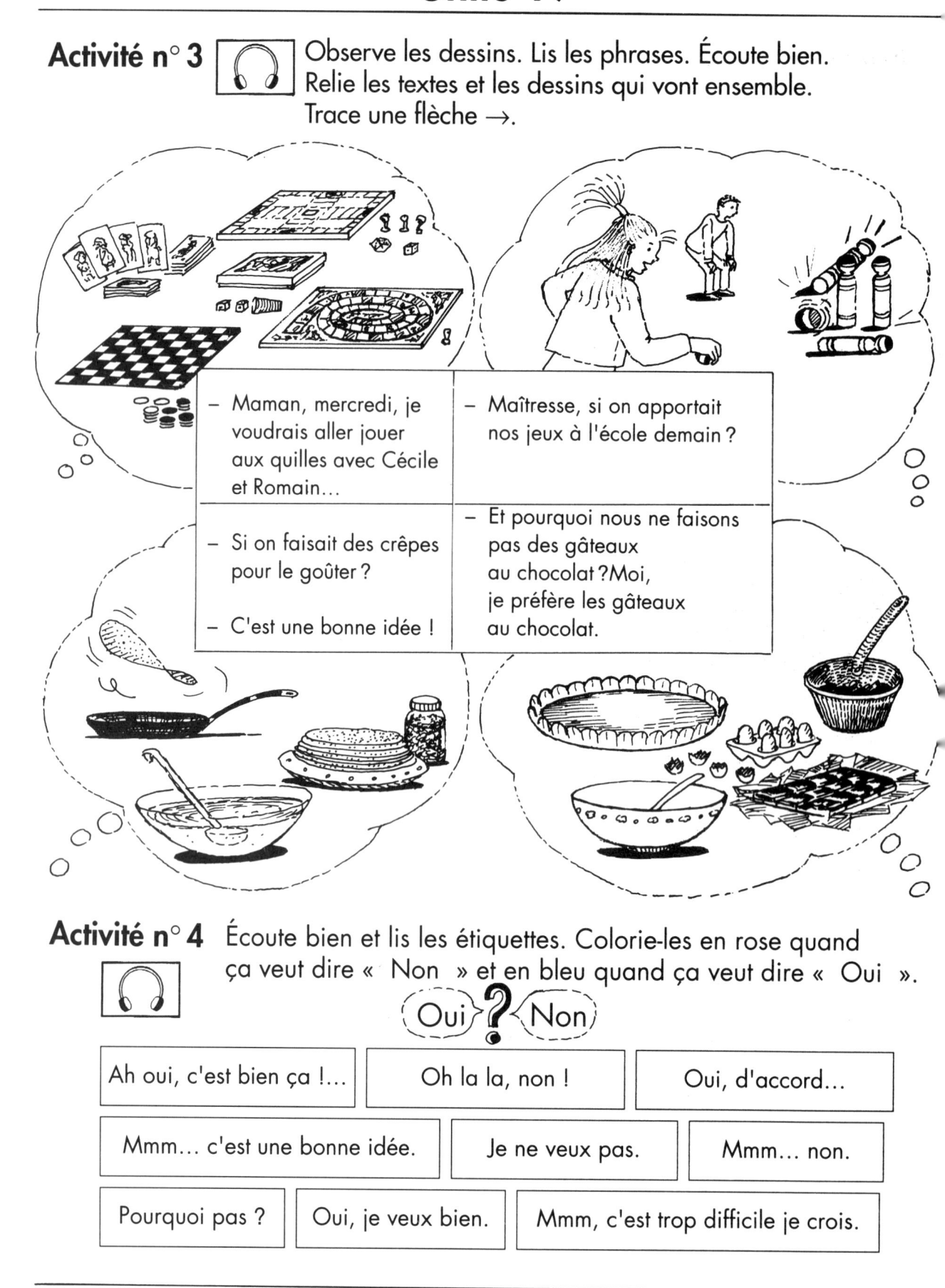

**Activité n° 3** 🎧 Observe les dessins. Lis les phrases. Écoute bien. Relie les textes et les dessins qui vont ensemble. Trace une flèche →.

– Maman, mercredi, je voudrais aller jouer aux quilles avec Cécile et Romain...

– Maîtresse, si on apportait nos jeux à l'école demain ?

– Si on faisait des crêpes pour le goûter ?
– C'est une bonne idée !

– Et pourquoi nous ne faisons pas des gâteaux au chocolat ? Moi, je préfère les gâteaux au chocolat.

**Activité n° 4** 🎧 Écoute bien et lis les étiquettes. Colorie-les en rose quand ça veut dire « Non » et en bleu quand ça veut dire « Oui ».

Oui ? Non

| Ah oui, c'est bien ça !... | Oh la la, non ! | Oui, d'accord... |
| Mmm... c'est une bonne idée. | Je ne veux pas. | Mmm... non. |
| Pourquoi pas ? | Oui, je veux bien. | Mmm, c'est trop difficile je crois. |

# Unité 19

**Activité n° 5** Observe les dessins. Lis les étiquettes (mini-fichier p. 15). Colle-les sur le dessin.

## Qui dit quoi ?

**Activité n° 6** Observe la grille n° 1, puis complète la grille n° 2.

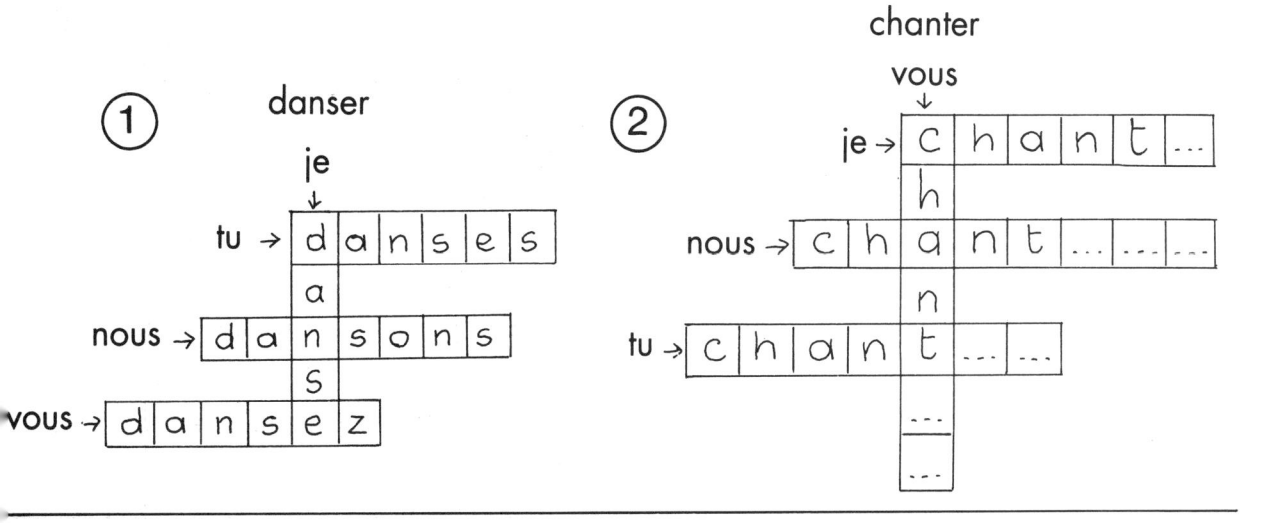

① danser

tu → | d | a | n | s | e | s |

nous → | d | a | n | s | o | n | s |

vous → | d | a | n | s | e | z |

② chanter

je → | c | h | a | n | t | ... |

nous → | c | h | a | n | t | ... | ... | ... |

tu → | c | h | a | n | t | ... | ... |

# Unité 20

## Activité n° 1

1. Relie les lettres dans l'ordre de l'alphabet.

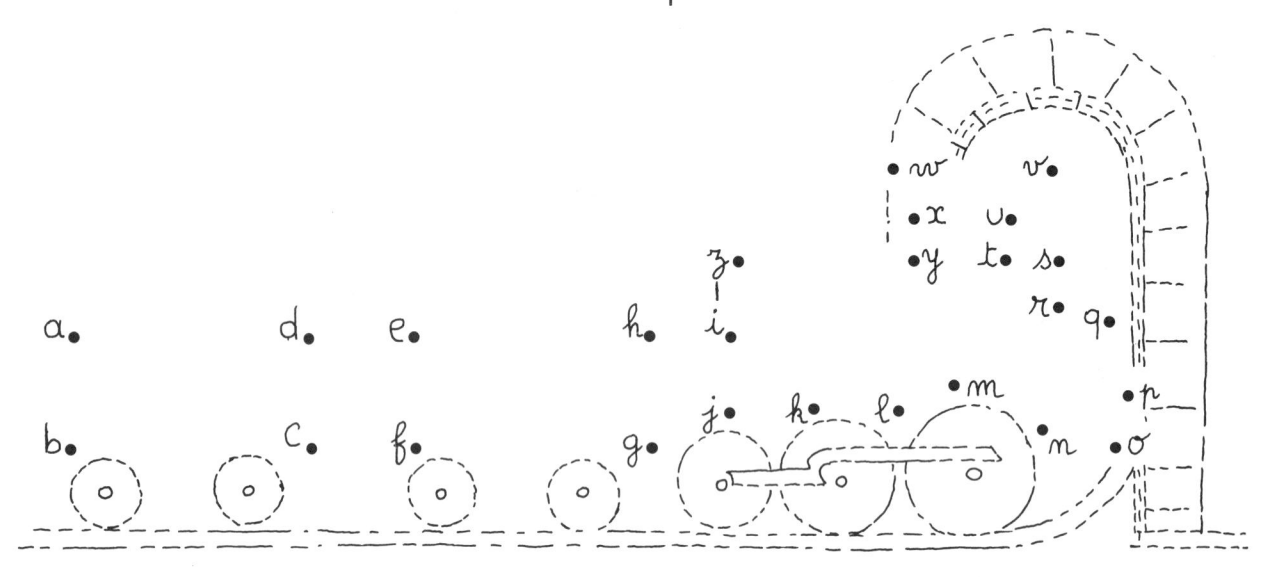

2. Maintenant, sur ce dessin, colle un arbre, une girafe et un cheval (mini-fichier p.16).

3. Est-ce que la girafe peut passer dans le tunnel ? (Entoure la réponse.)

   oui                    non

4. Complète la grille.

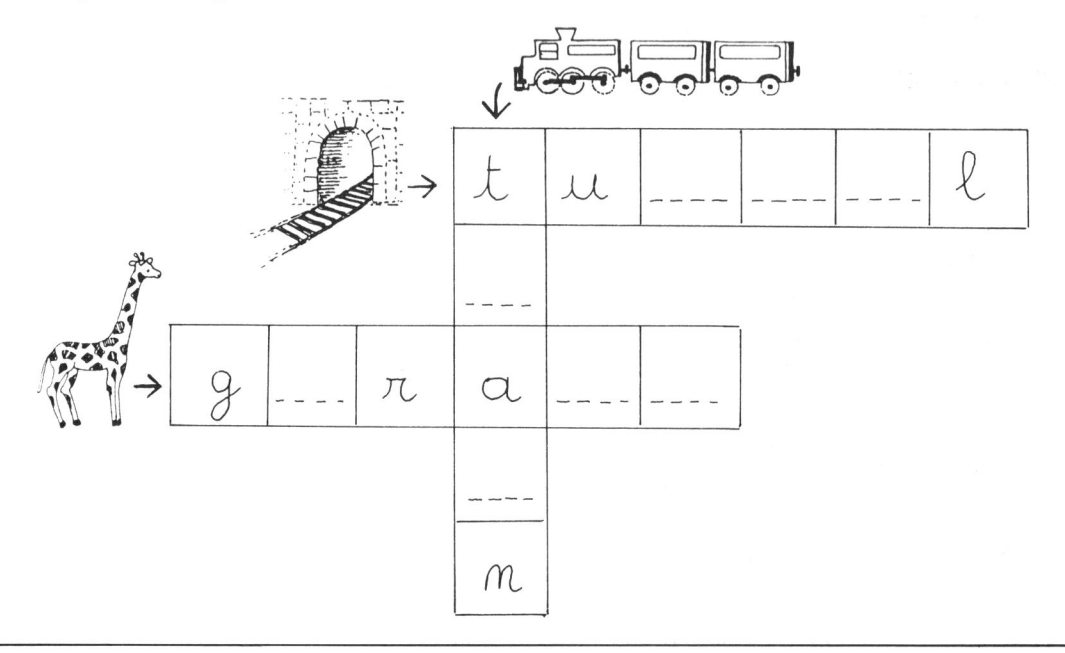

# Unité 20

**Activité n° 2** Découpe les étiquettes du mini-fichier p. 16. Écoute et lis chaque phrase.

Colle les étiquettes à l'endroit qui convient.

1. Le premier chat est le plus petit. Le dernier est le plus grand.

|   |   |   |
|---|---|---|
|   |   |   |

2. La première poupée est la plus grande. La dernière est la plus petite.

|   |   |   |
|---|---|---|
|   |   |   |

3. Les premières fleurs sont les plus petites. Les dernières sont les plus grandes.

|   |   |   |
|---|---|---|
|   |   |   |

**Activité n° 3**

Écoute bien et regarde les images (livre de l'élève p. 64).
Écris dans les carrés le numéro des phrases correspondant aux images.

A ... B ... C ... D ...

# Unité 20

**Activité n° 4**  🎧  Découpe les étiquettes du mini-fichier p. 16 et colle-les à l'endroit qui convient.

# Qu'est-ce qu'elles font ? Qu'est-ce qu'elles disent ?

63

Qu'est-ce qu'ils font ? Qu'est-ce qu'ils disent ?